© 2012 Presses Aventure, pour l'édition française
© 2012 Disney Enterprises, Inc., tous droits réservés

PRESSES AVENTURE, une division de
LES PUBLICATIONS MODUS VIVENDI INC.
55, rue Jean-Talon Ouest, 2ᵉ étage
Montréal (Québec) H2R 2W8
CANADA

Publié pour la première fois en 2011 par Boom Kids! une division de Boom Entertainment, Inc.
sous le titre original *Mickey Mouse — 300 Mickeys*

Traduit de l'anglais par Frédéric Antoine

Éditeur : Marc Alain
Responsable de collection : Marie-Eve Labelle

Dépôt légal — Bibliothèque et Archives nationales du Québec, 2012
Dépôt légal — Bibliothèque et Archives Canada, 2012

ISBN 978-2-89660-371-8

Nous reconnaissons l'aide financière du gouvernement du Canada par l'entremise du Fonds du livre
du Canada pour nos activités d'édition.

Gouvernement du Québec — Programme de crédit d'impôt pour l'édition de livres — Gestion SODEC

Imprimé en Chine

ARTISANS DE L'ÉDITION ORIGINALE

300 MICKEY

Auteur : Stefan Petrucha
Artiste : Cèsar Ferioli Pelaez
Couleurs : Egmont et David Gerstein

MICKEY ET LE MYSTÈRE DES ROBOTS-PRÉSIDENTS

Auteur : Sergio Badino
Artiste : Giorgio Cavazzano

MICKEY ET LES GADGETS AU TRAVAIL

Auteur : Giorgio Martignoni
Artiste : Giorgio Di Vita

HORACE FAIT SA TOURNÉE

Auteur : Ted Osborne
Dessins : Floyd Gottfredson
Encrage : Al Taliaferro et Ted Thwaites
Couleurs : Digikore Studios
Restauration : David Gerstein

Couverture : Casty
Designer : Erika Terriquez
Éditeur de la version originale : Christopher Meyer

UN MERCI SPÉCIAL À Jesse Post, Steve Behling, Rob Tokar et Bryce Vankooten.

WALT DISNEY

MICKEY
DANS
"300 MICKEY"

TOUT PEUT ARRIVER QUAND L'AMI DE MICKEY, IGA BIVA, DÉBARQUE DU FUTUR... AVEC UNE AUTRE INVENTION! ET, CETTE FOIS, UNE BIEN INNOCENTE EXPÉRIENCE FAITE PAR MICKEY VA TOURNER AU CAUCHEMAR!

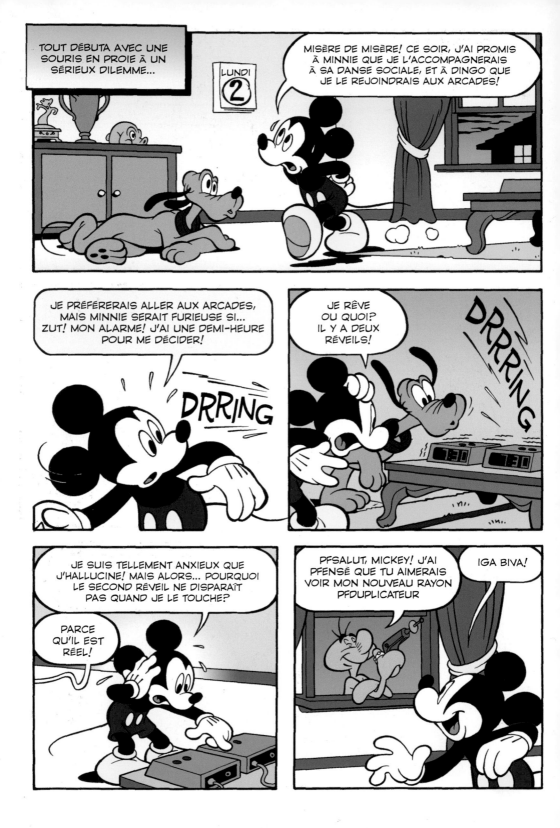

6

7

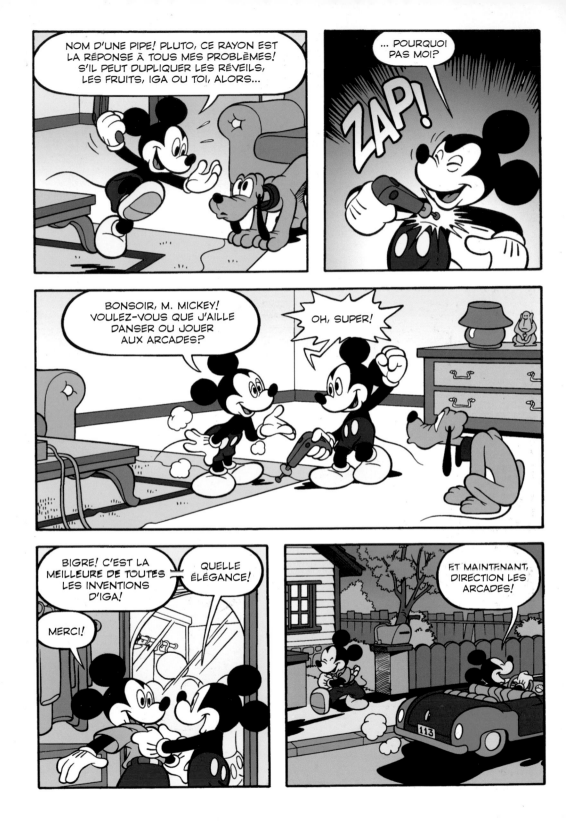

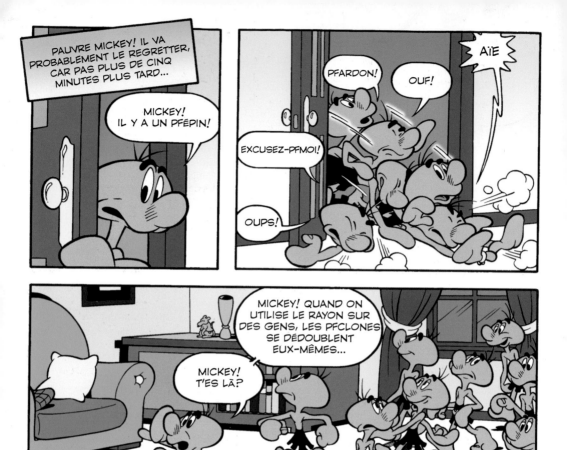

PAUVRE MICKEY! IL VA PROBABLEMENT LE REGRETTER, CAR PAS PLUS DE CINQ MINUTES PLUS TARD...

MICKEY! IL Y A UN PFÉPIN!

PFARDON!

OUF!

AÏE

EXCUSEZ-PFMOI!

OUPS!

MICKEY! QUAND ON UTILISE LE RAYON SUR DES GENS, LES PFCLONES SE DÉDOUBLENT EUX-MÊMES...

MICKEY! T'ES LÀ?

OH, QUELLE PFCHANCE! LE PFISTOLET EST TOUJOURS LÀ!

MAINTENANT, LES PFCLONES, JE VAIS VOUS EFFACER AVANT QUE LES CHOSES EMPFIRENT!

AU REVOIR! DÉSOLÉ PFOUR LA PFORTE!

PAZ!

13

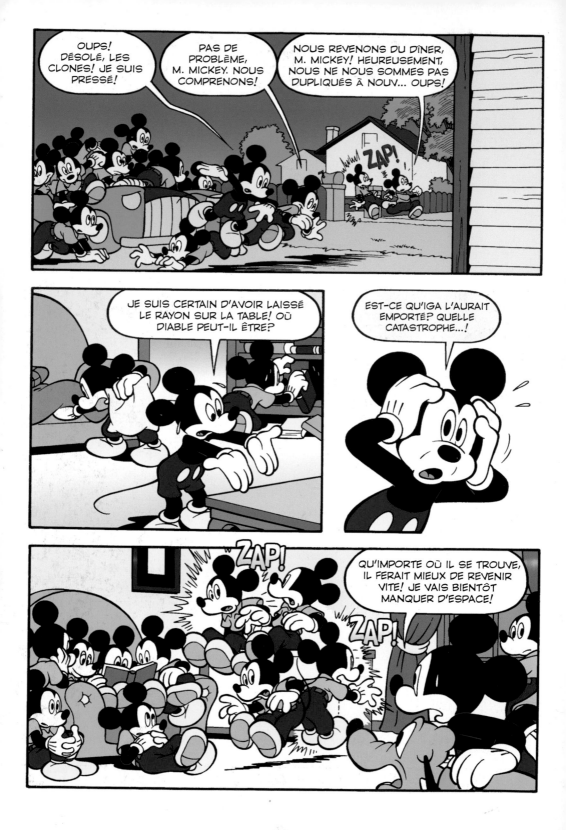

MAIS IGA NE REVENANT PAS, LA SITUATION EMPIRE...

AÏE! OUILLE!

OUCH!

ZAP!

ÇA SUFFIT! LAISSEZ-MOI SORTIR D'ICI!

UN INSTANT! M. MICKEY A DIT QUE NOUS DEVIONS RESTER DANS LA MAISON.

AH OUAIS? EH BIEN... ON VA PAS FAIRE TOUT CE QU'IL DIT!

YOUPI! NOUS SOMMES LIBRES!

ET BIENTÔT, NOUS SERONS UNE ARMÉE.

ZAP!

16

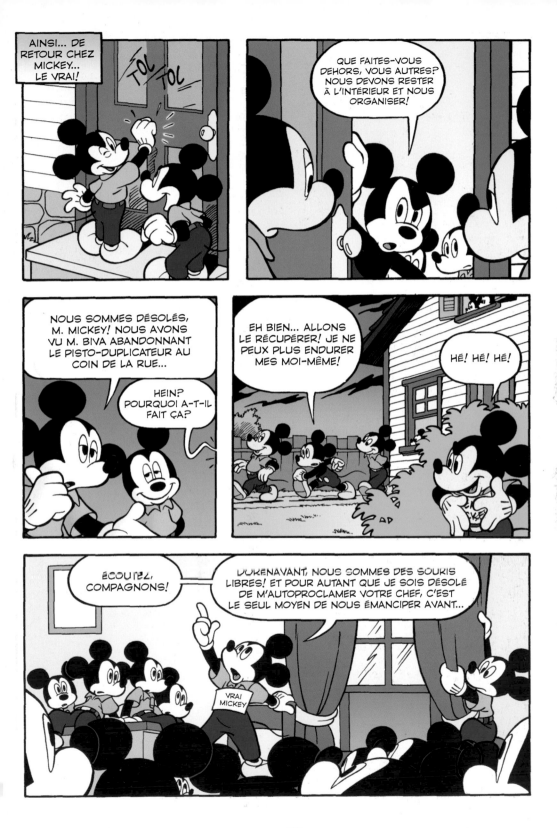

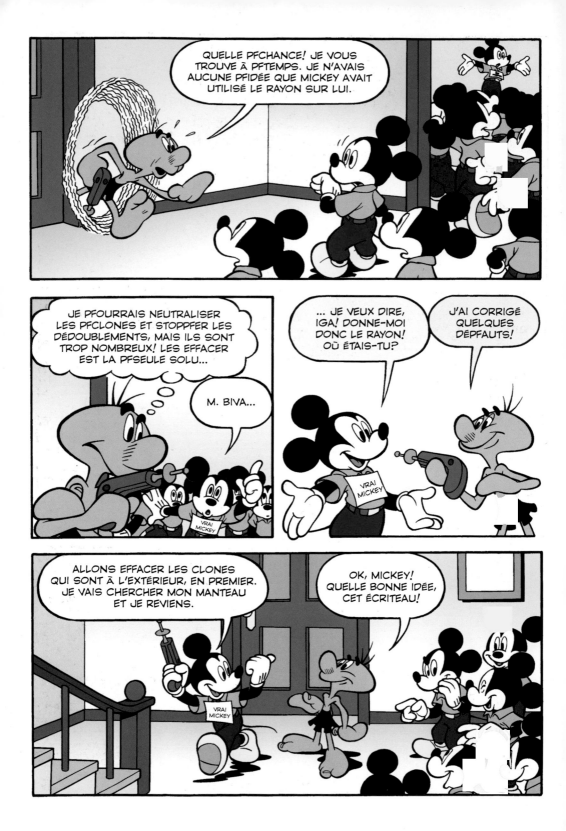

20

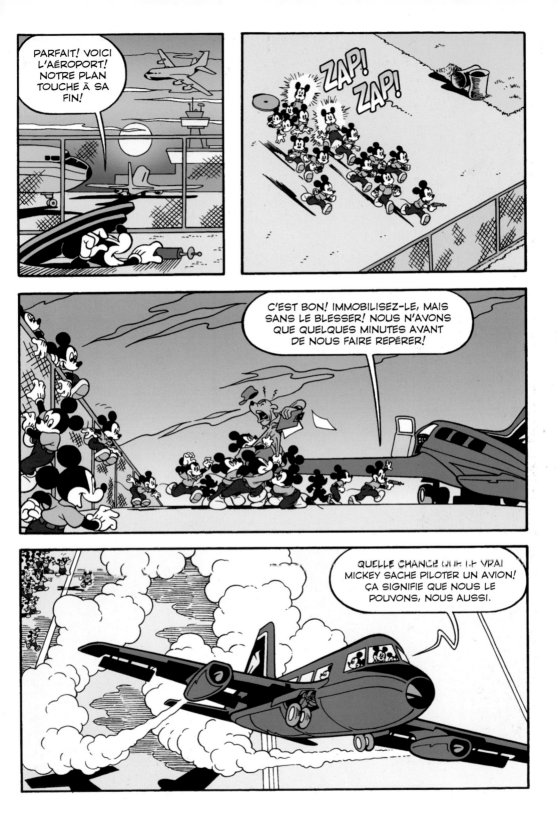

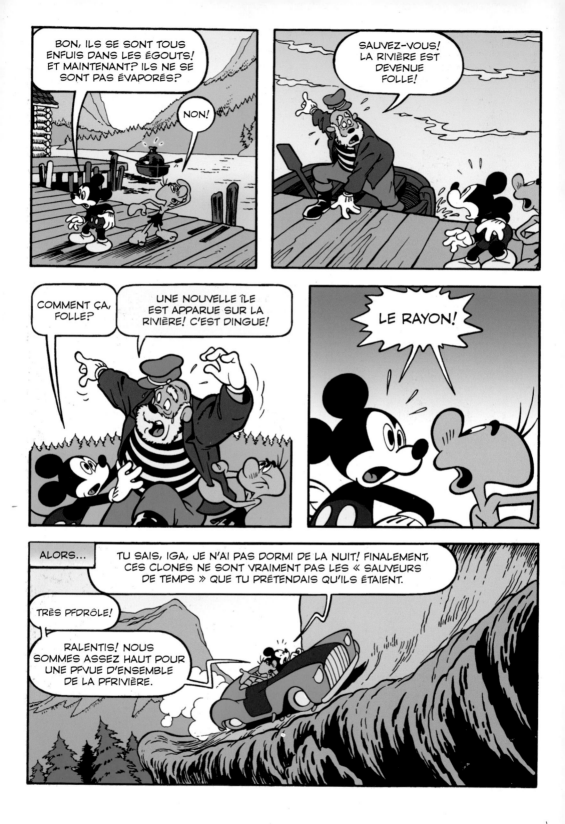

24

26

PENDANT CE TEMPS...

LES PFCLONES AYANT PRIS TOUS LES PFBATEAUX, C'EST LE SEUL PFMOYEN QU'ON A TROUVÉ POUR ATTEINDRE L'ÎLE!

MAINTENANT, IL FAUT METTRE LA MAIN SUR TON PISTO-RAYON!

DANS CETTE PFOULE? AUTANT PFCHERCHER UNE AIGUILLE DANS...

GASP!

C'EST IGA ET LE VRAI MICKEY, NOS DEUX PIRES ENNEMIS!

PEUT-ÊTRE QU'IL NE RESTERA PAS LE VRAI MICKEY... TRÈS LONGTEMPS...!

!

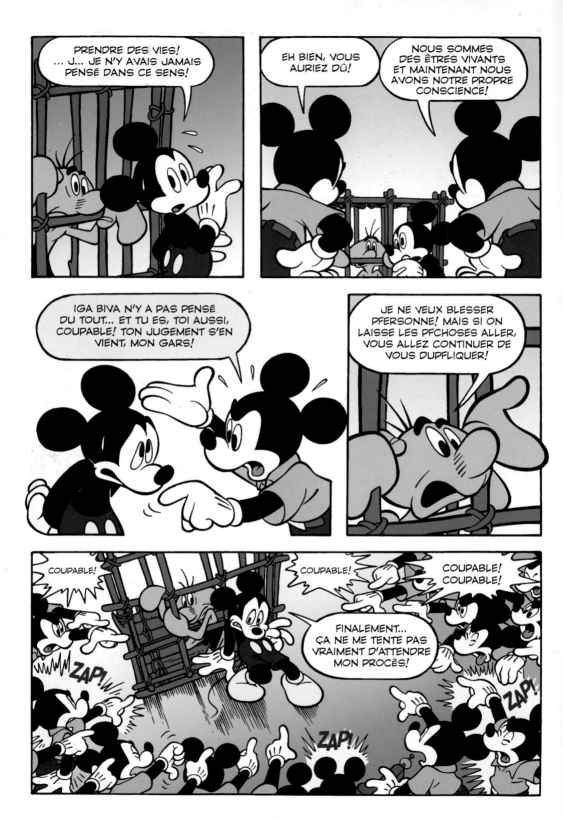

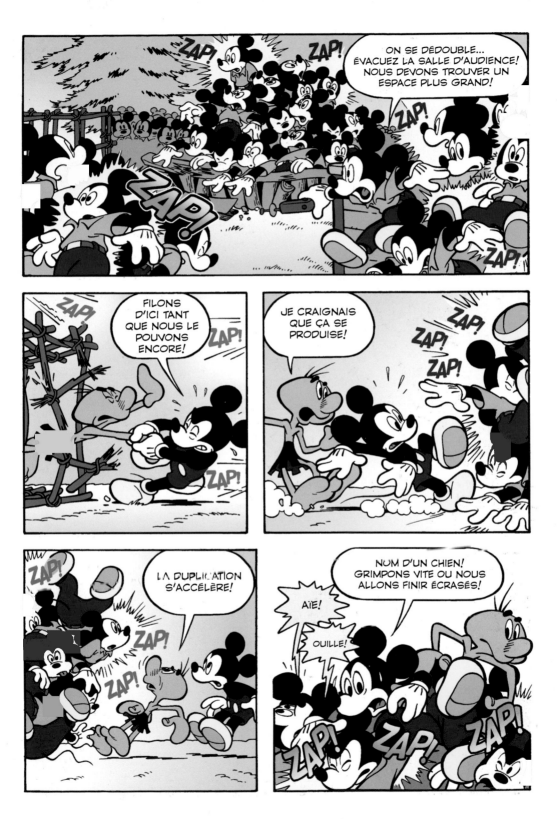

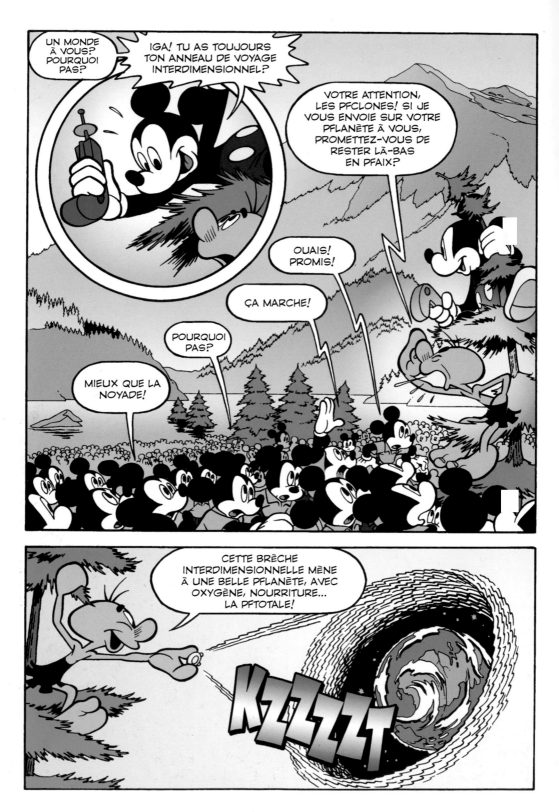

MICKEY
ET LE
MYSTÈRE DES ROBOTS-PRÉSIDENTS

WALT DISNEY

MICKEY, MINNIE, JOJO ET MICHOU SONT EN VACANCES DANS LE DAKOTA DU SUD...

REGARDEZ, TOUT LE MONDE! VOICI LE MONT RUSHMORE!

UN INSTANT, ONCLE MICKEY...

BIP BIP KA POW

LES GARÇONS, SI VOUS CONTINUEZ DE JOUER À VOS JEUX VIDÉO, VOUS ALLEZ TOUT RATER!

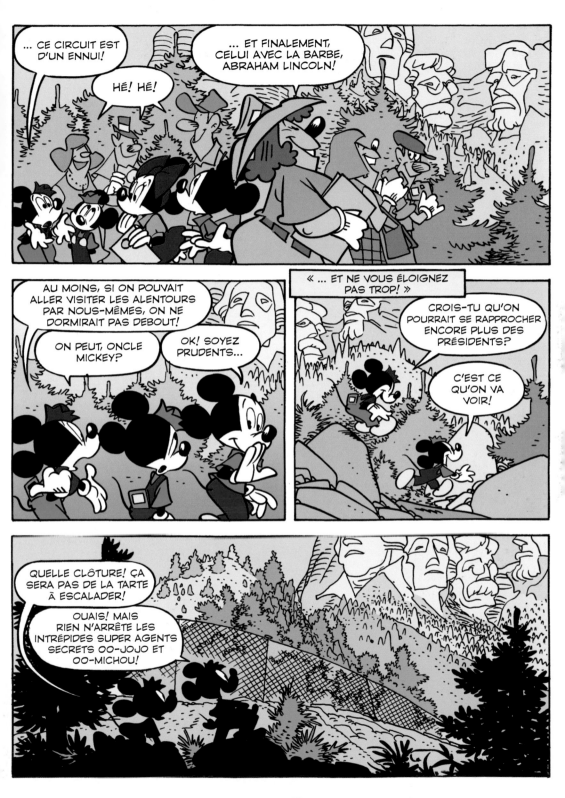

46

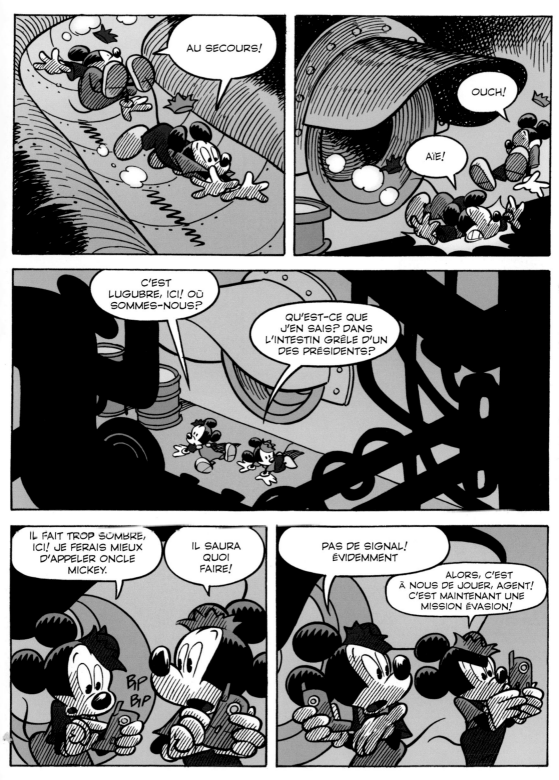

PENDANT CE TEMPS...

BIZARRE! J'AI APPELÉ LES GARÇONS SUR LEUR CELLULAIRE, MAIS AUCUN NE RÉPOND!

PEUT-ÊTRE SONT-ILS TROP OCCUPÉS À S'AMUSER?

ILS SONT FACILEMENT DISTRAITS, MAIS PAS IRRESPONSABLES...

ILS SONT SÛREMENT QUELQUE PART DANS LES PARAGES!

JOJOOOO! MICHOUUUU!

REGARDE! LÀ-BAS... C'EST UN DE LEURS JEUX VIDÉO!

ILS PRÉFÉRERAIENT ATTRAPER LA VARICELLE PLUTÔT QUE DE SE SÉPARER DE LEURS JEUX...

PEUT-ÊTRE ONT-ILS ESCALADÉ LA CLÔTURE?

PEUT-ÊTRE! IL VA BIENTÔT FAIRE NUIT... ATTENDS-MOI LÀ PENDANT QUE JE VAIS CHERCHER UNE LAMPE-TORCHE DANS LA VOITURE!

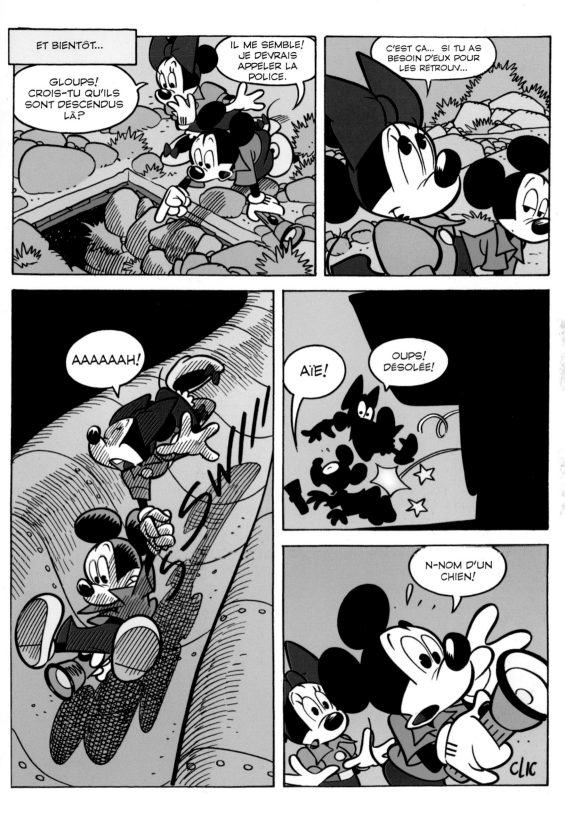

50

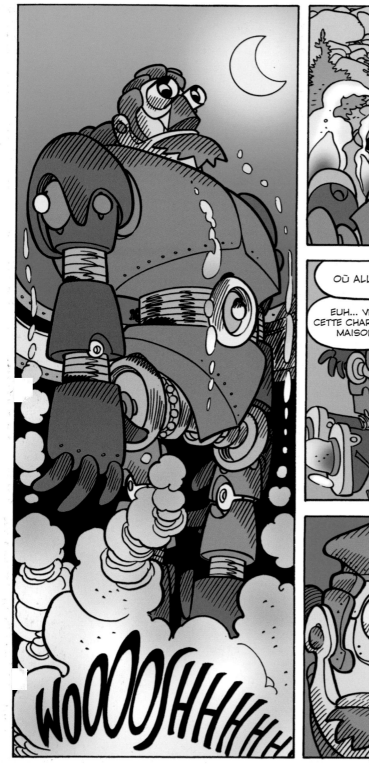

DES ROBOTS-PRÉSIDENTS CACHÉS SOUS LA MONTAGNE? JE NE COMPRENDS PAS!

MOI NON PLUS! MAIS LA PREMIÈRE QUESTION SERAIT PLUTÔT...

OÙ ALLONS-NOUS?

EUH... VERS CETTE CHARMANTE MAISON?

55

POUR BEAUCOUP DE CRÉTINS, LA MAGNIFICENCE DES MÂCHOIRES PRÉSIDENTIELLES CISELÉES DANS LE ROC N'ÉTAIT PLUS SUFFISANTE.

IL A DONC CONSTRUIT CES ROBOTS?

« EN EFFET! LEUR CONSTRUCTION A ÉTÉ GARDÉE SECRÈTE À DES FINS DE MARKETING; ILS NE FURENT DÉVOILÉS QU'À UN COMITÉ GOUVERNEMENTAL! »

« MAIS IL Y EUT QUELQUES DYSFONCTIONNEMENTS... »

61

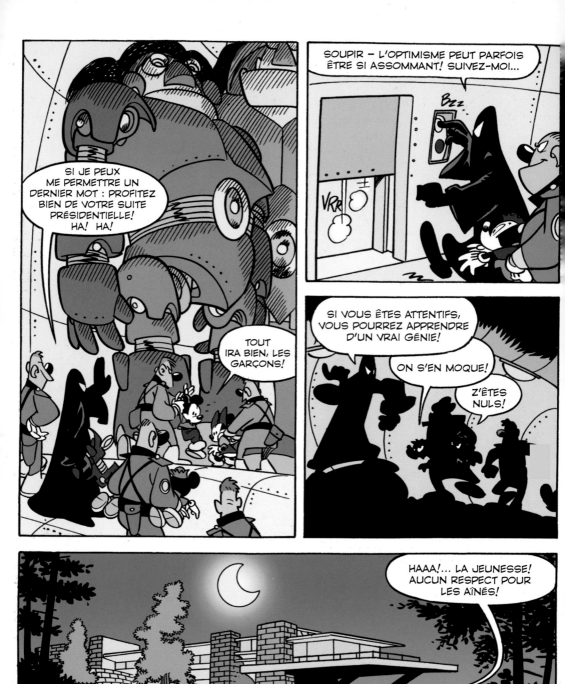

LES ROBOTS-PRÉSIDENTS DOIVENT ÊTRE CONTRÔLÉS À DISTANCE...

NOUS N'AVONS AUCUN MOYEN DE LES DÉSACTIVER D'ICI!

DONC, LE FANTÔME NOIR DÉTIEN JOJO, MICHOU ET LE CONTRÔLE SUR LES ROBOTS!

« ÇA M'ENRAGE DE L'AVOUER... MAIS, CETTE FOIS, CE SCÉLÉRAT VA GAGNER! »

PEUT-ÊTRE DEVRAIS-JE LEUR FAIRE EXPLOSER AIR FORCE 4? LA MAISON BEIGE?

CIBLE EN VUE, PATRON!

« EXCELLENT! »

CHEF! VOUS DEVRIEZ JETER UN ŒIL DEHORS! C'EST INCROYABLE!

ADJOINT DONGLE, SI C'EST ENCORE VOS ÉLUCUBRATIONS À PROPOS D'UNE CONSPIRATION NATIONALE MENÉE PAR DES PIGEONS, JE...

... DEVRAIS... APPELER... WASHINGTON...

66

69

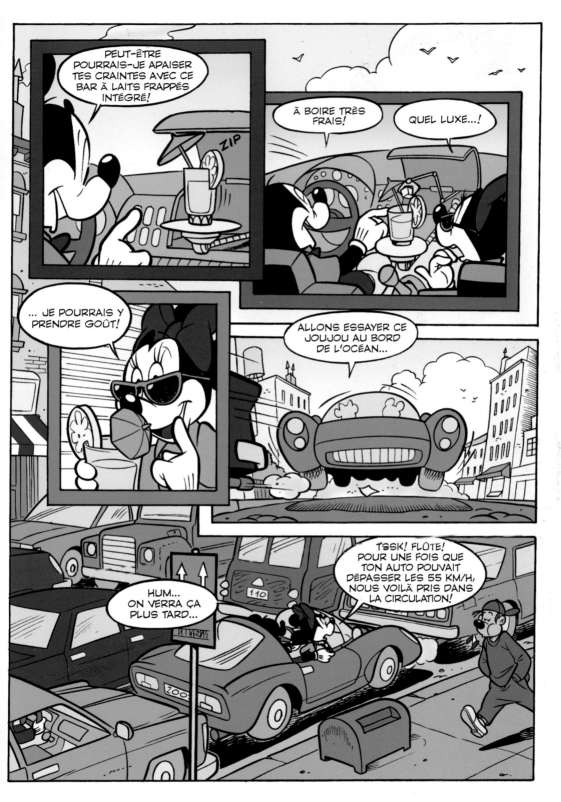

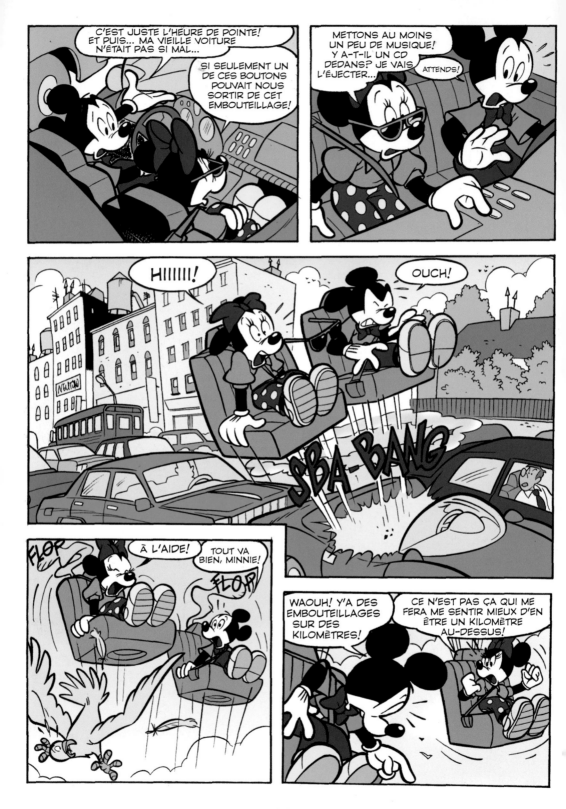

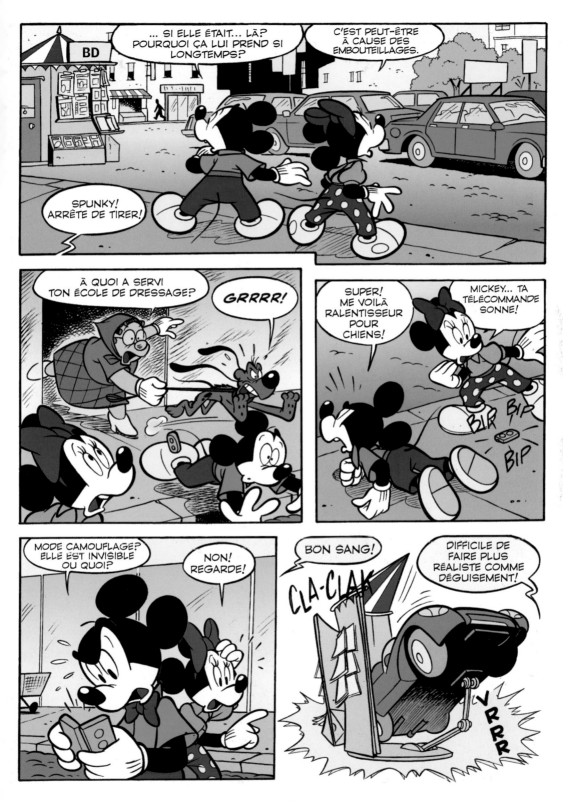

81

83

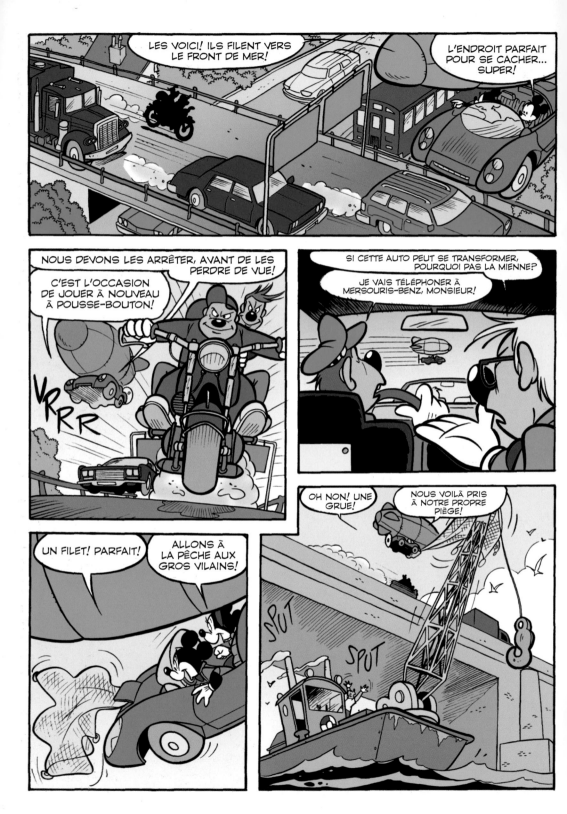

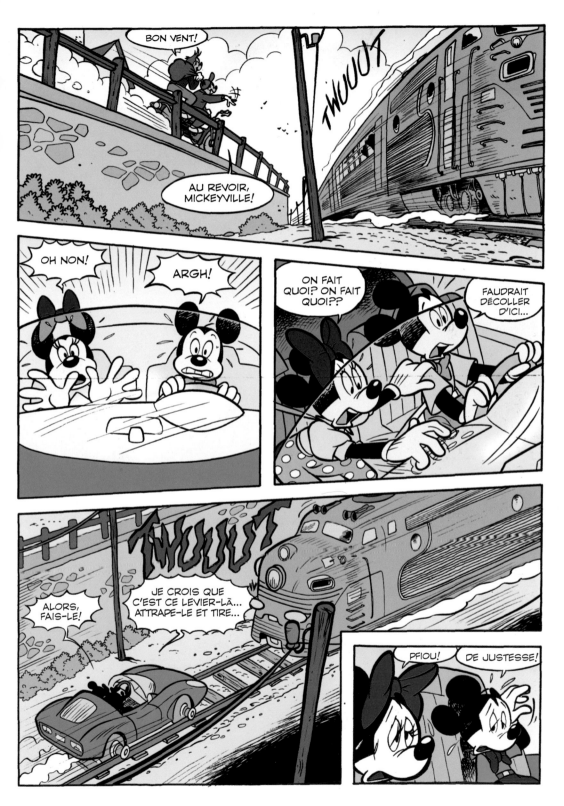

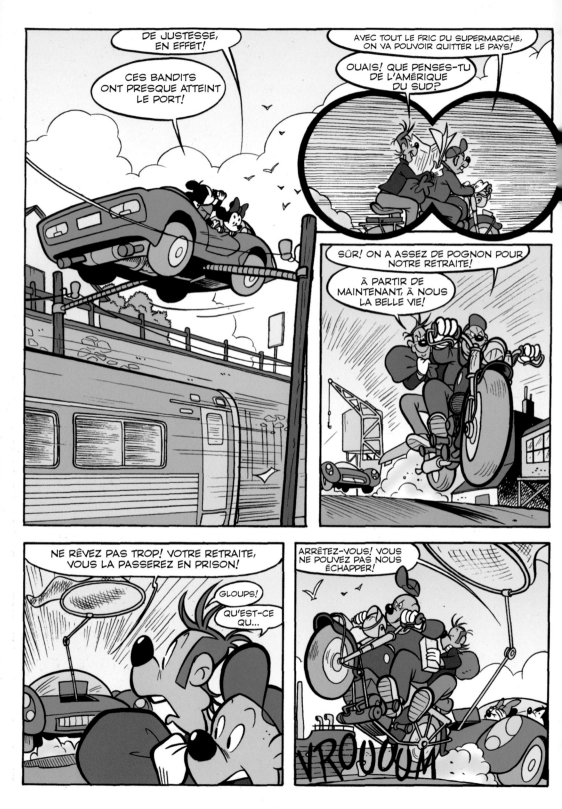

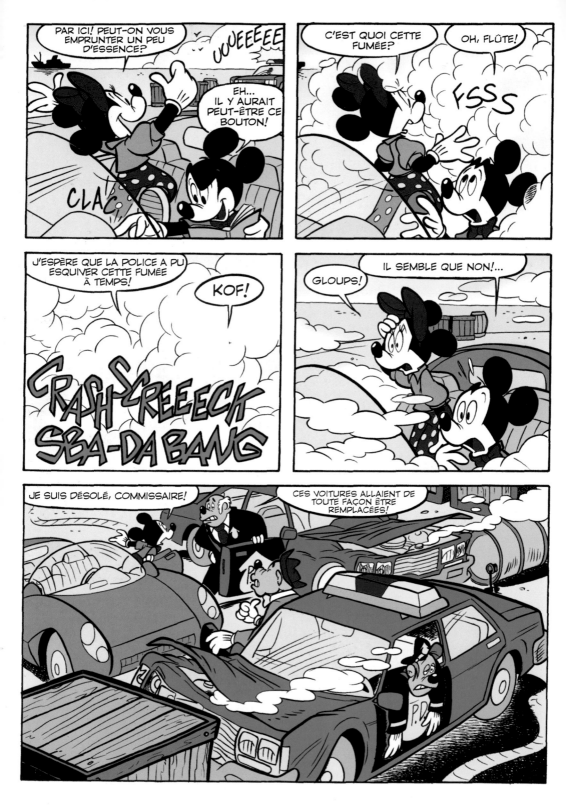

92

93

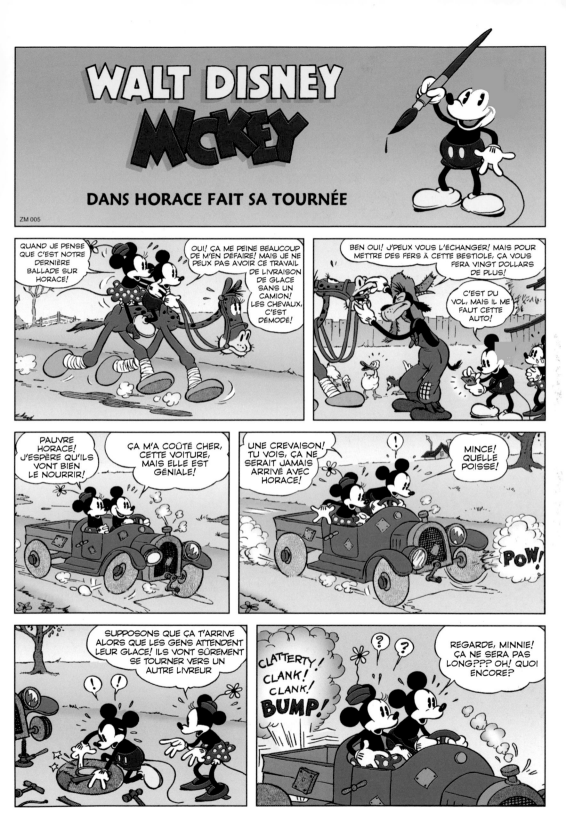

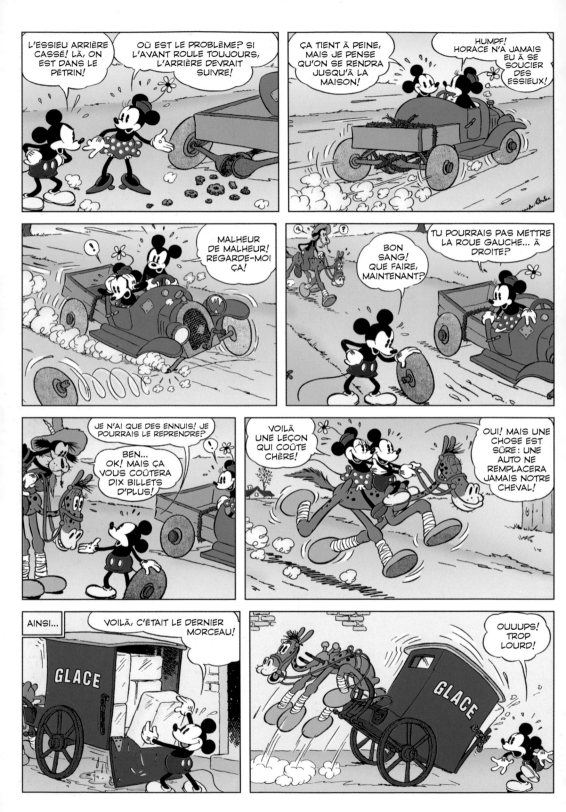

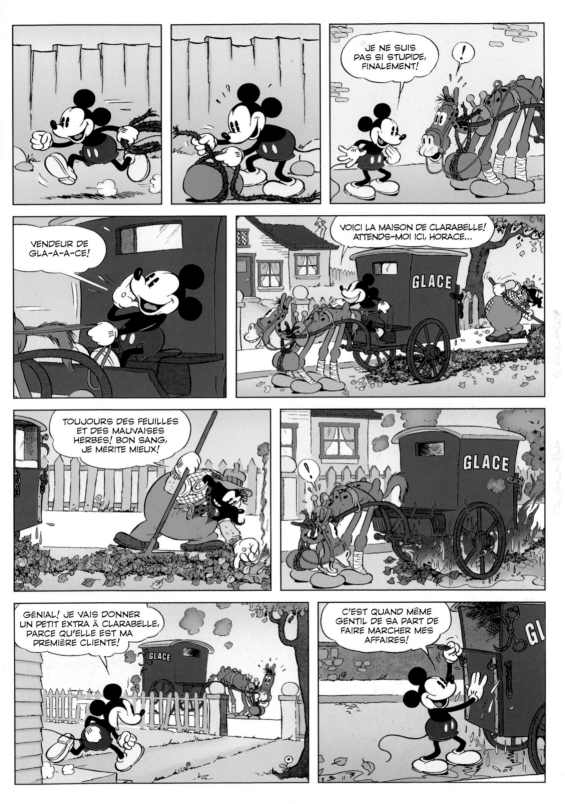

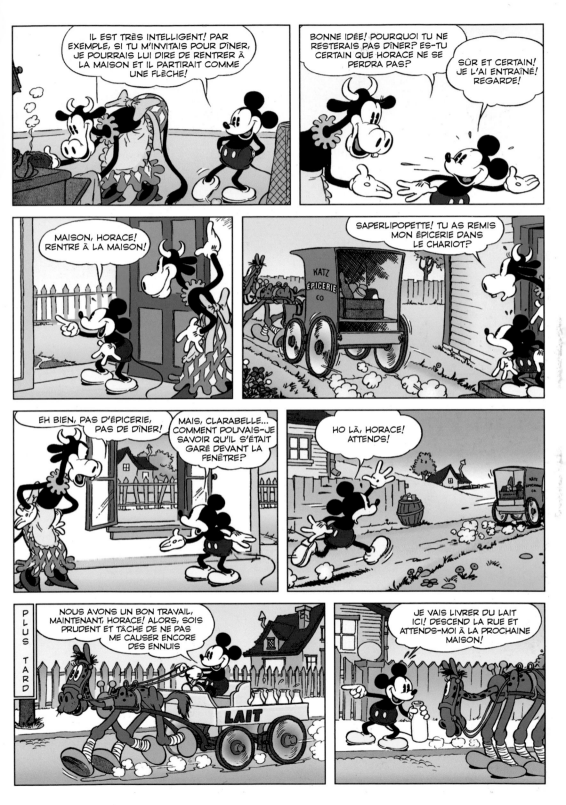

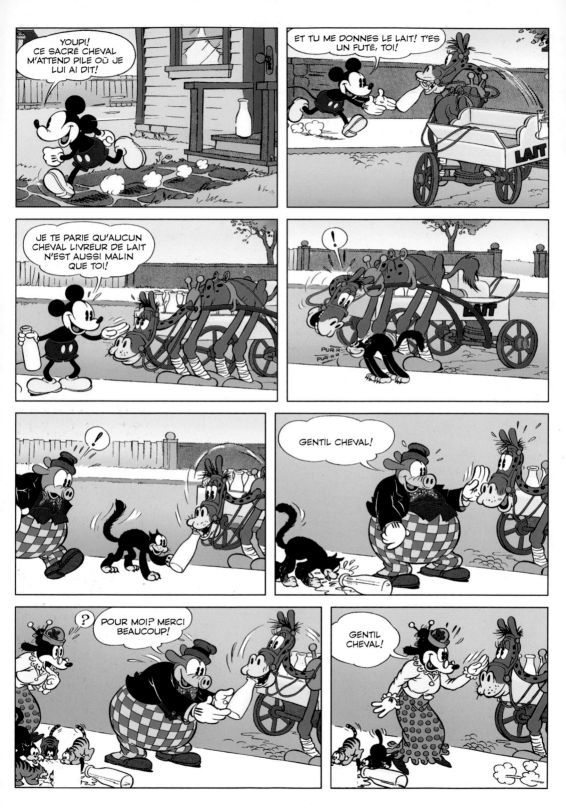

Mickey

Une aventure hors du temps ! Après le naufrage de leur bateau de croisière, Mickey, Minnie, Dingo et Pluto se retrouvent échoués sur Quandomai, une île étrange où les dinosaures continuent de fouler la terre et où se cachent de terribles secrets ! Accompagnez Mickey et ses amis pour une expédition pleine d'aventures, de mystères et de nouveaux amis, qui vous transportera au-delà de votre imagination afin de percer le secret de l'île de Quandomai.

ISBN-978-2-89660-367-1

Picsou

Un programme triple ! Quand Picsou s'aventure sur la mer pour un voyage de convalescence, il découvre une île où il rencontre des Rapetou changés en pierre ainsi que le « mystérieux rayon de pierre » qui les a pétrifiés. Mais qui peut bien être ce chétif scientifique à l'œuvre dans l'ombre et comment se trouve-t-il mêlé à la transformation des Rapetou ? De retour à Donaldville, dans l'aventure mise en scène par Don Rosa intitulée « L'argent liquide », la bande des Rapetou et le scientifique s'associent pour une opération qui liquéfie littéralement les avoirs de Picsou !

ISBN-978-2-89660-368-8

Mickey

Embarquez avec Mickey et ses amis dans des aventures pleines de rebondissements et de… multiplications ? Quand une expérience de clonage tourne à la catastrophe, Mickey et Iga Biva, son ami du futur, doivent trouver un moyen d'arrêter une gigantesque armée de Mickey ! Et comme si ce n'était pas assez, Mickey découvre, lors d'une visite au mont Rushmore, qu'un dangereux criminel menace de conquérir le monde à l'aide de robots géants à l'effigie des présidents américains !

ISBN-978-2-89660-371-8

Histoire de jouets

Buzz contre Buzz ! Lorsqu'Andy reçoit un cadeau imprévu, un autre Buzz Lightyear, la bataille fait rage entre les deux Buzz. Et Andy, qui ne peut en conserver qu'un, se trompe et retourne le mauvais Buzz ! Comment Woody et la bande pourront venir à la rescousse de leur ami pour le délivrer du magasin de jouets où il est enfermé avec une armée de Buzz Lightyear ? Une aventure pleine de rebondissements où vous retrouverez tous vos personnages préférés, dans une course contre la montre afin de rescaper le vrai Buzz Lightyear.

ISBN-978-2-89660-365-7

Mickey

La souris est de retour parmi nous ! Nous y voilà, Minnie ! Le lac Tranquille… l'endroit le plus calme sur la terre ! Des histoires éternelles mettant en scène Mickey Mouse dans certaines de ses aventures les plus classiques, au cours desquelles il dénoue des mystères, combat les pirates ou profite simplement de la vie ! Tirées des archives de Disney, ces aventures constituent en quelque sorte les grands succès de Mickey !

ISBN-978-2-89660-370-1

Les bagnoles

Le rallye automobile ! Flash McQueen et Radiator Springs accueillent un événement au profit d'un organisme de bienfaisance, le camp du Cercle des champions et une toute nouvelle voiture, Timmy ! Mais qu'adviendra-t-il quand Chick Hicks découvrira l'existence de cette course, alors que personne n'a invité le champion de la Coupe du Piston ? Les tempéraments s'échauffent, tandis que les coureurs semblent vouloir régler leurs différends sur la piste lors de la course inaugurale qui aura lieu à Radiator Springs !

ISBN-978-2-89660-366-4

Donald

Le canard se déchaîne ! Des récits intemporels mettant en scène Donald dans ses plus classiques mésaventures. Que ce soit pour une chasse au trésor, livrer du lait, faire des photos, couvrir la distribution de journaux de ses neveux ou même espionner pour l'oncle Picsou, Donald sait comment se retrouver dans le pétrin ! Issues directement des archives Disney, ces histoires raviront les fans du colérique, mais toujours sympathique, ami Donald !

ISBN-978-2-89660-369-5

Le Muppet Show

Le retour de Skeeter ! Vous en avez fait le souhait et nous l'avons exaucé ! Grâce au talent de Roger Langridge, nominé aux prix Eisner, la sympathique Skeeter, maintenant devenue adulte, retourne enfin chez ses amis Muppets. C'est la réunion de famille à laquelle tous les fans voulaient assister. Mais d'autres surprises vous attendent, car des personnages secondaires feront leur retour fracassant dans l'univers des Muppets. Qui ? Pour le savoir, rejoignez Kermit, Piggy, Fozzie, Gonzo et tous leurs amis dans cette histoire pleine d'humour et de chansons. Que le spectacle commence !

ISBN-978-2-89660-364-0

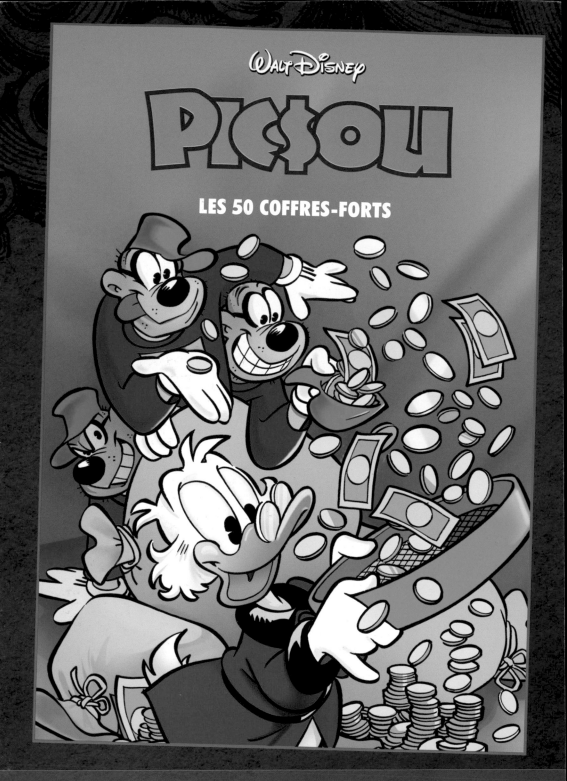

PICSOU

LES 50 COFFRES-FORTS

De retour à Donaldville, la bande des Rapetou et le scientifique s'associent pour une opération qui liquéfie littéralement les avoirs de Picsou !

PICSOU
ET LES
50 COFFRES-FORTS

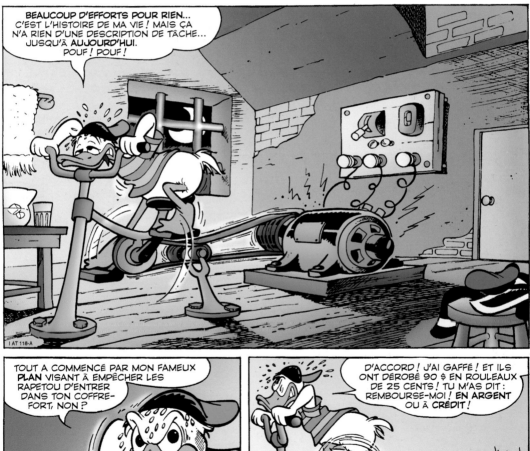

BEAUCOUP D'EFFORTS POUR RIEN... C'EST L'HISTOIRE DE MA VIE ! MAIS ÇA N'A RIEN D'UNE DESCRIPTION DE TÂCHE... JUSQU'À AUJOURD'HUI. POUF ! POUF !

I AT 118-A

TOUT A COMMENCÉ PAR MON FAMEUX PLAN VISANT À EMPÊCHER LES RAPETOU D'ENTRER DANS TON COFFRE-FORT, NON ?

D'ACCORD ! J'AI GAFFÉ ! ET ILS ONT DÉROBÉ 90 $ EN ROULEAUX DE 25 CENTS ! TU M'AS DIT : REMBOURSE-MOI ! EN ARGENT OU À CRÉDIT !

- SOUPIR - IL N'A PAS EU À ME **MONTRER LA PORTE** ! BON SANG ! JE SUIS **ANÉANTI** !

MAIS, PAS AUTANT QUE QUAND J'AURAI REMBOURSÉ SES 90 $! PÉDALER, JUSQU'À **USURE DU MATÉRIEL**, C'EST TOUT MOI, ÇA !

ET LE LENDEMAIN ARRIVA, COMME CELA ARRIVE PARFOIS.

NOUS T'AVONS PRÉPARÉ TON PLAT PRÉFÉRÉ, ONCLE LA MARMOTTE !

LA MARMOTTE ! - BÂILLEMENT - MON HONNEUR A CONNU **PIRE** !

À ENTENDRE ONCLE PICSOU, ON CROIRAIT QUE ... HÉ ! MAIS, QU'EST-CE QUE... ? DES THÉIÈRES EN PORCELAINE ?

NOUS AVONS CONSTRUIT CES MINI-COFFRES-FORTS, DES TIRELIRES POUR NOS **ÉCONOMIES** !

ET VOUS AVEZ BESOIN DE **CINQ** TIRELIRES ? SI JAMAIS J'AI BESOIN D'UN **PRÊT**...

DÉSOLÉ, ONCLE DONALD ! NOUS SOMMES TOUT AUSSI PAUVRES QUE TOI !

C'EST TOI QUI NOUS DONNE NOTRE **ALLOCATION** !

ALORS, POURQUOI AVEZ-VOUS FABRIQUÉ...

CINQ ? POUR TROMPER LES **VOLEURS**. QUATRE SONT **VIDES**... SI UN VILAIN RAPETOU EN VOLE UNE, IL A MOINS DE CHANCES DE PARTIR AVEC NOTRE ARGENT.

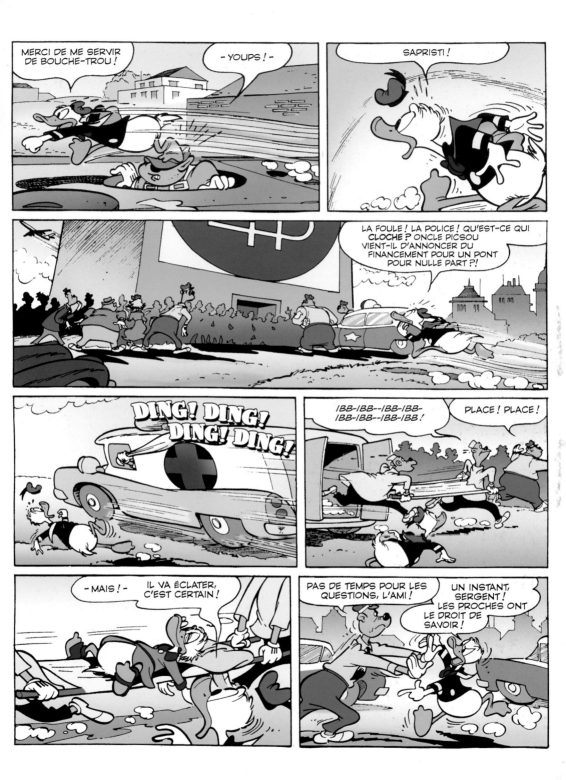

113

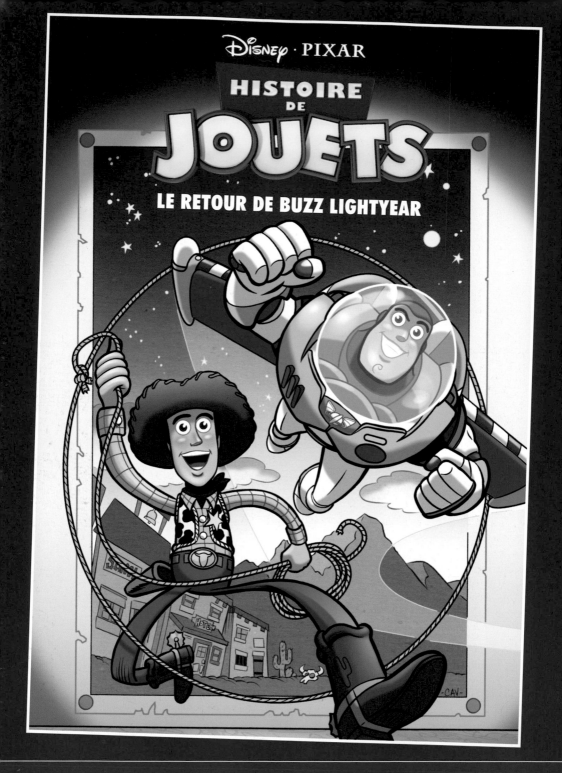

Une aventure pleine de rebondissements où vous retrouverez tous vos personnages préférés d'HISTOIRE DE JOUETS, dans une course contre la montre afin de rescaper le vrai Buzz Lightyear.

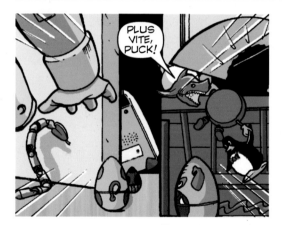